Deportes eXtremos

El surf

Aaron Carr

AV2 SPANISH

www.av2books.com

AV2 SPANISH

Step 1
Go to **www.av2books.com**

Step 2
Enter this unique code

AVP27338

Step 3
Explore your interactive eBook!

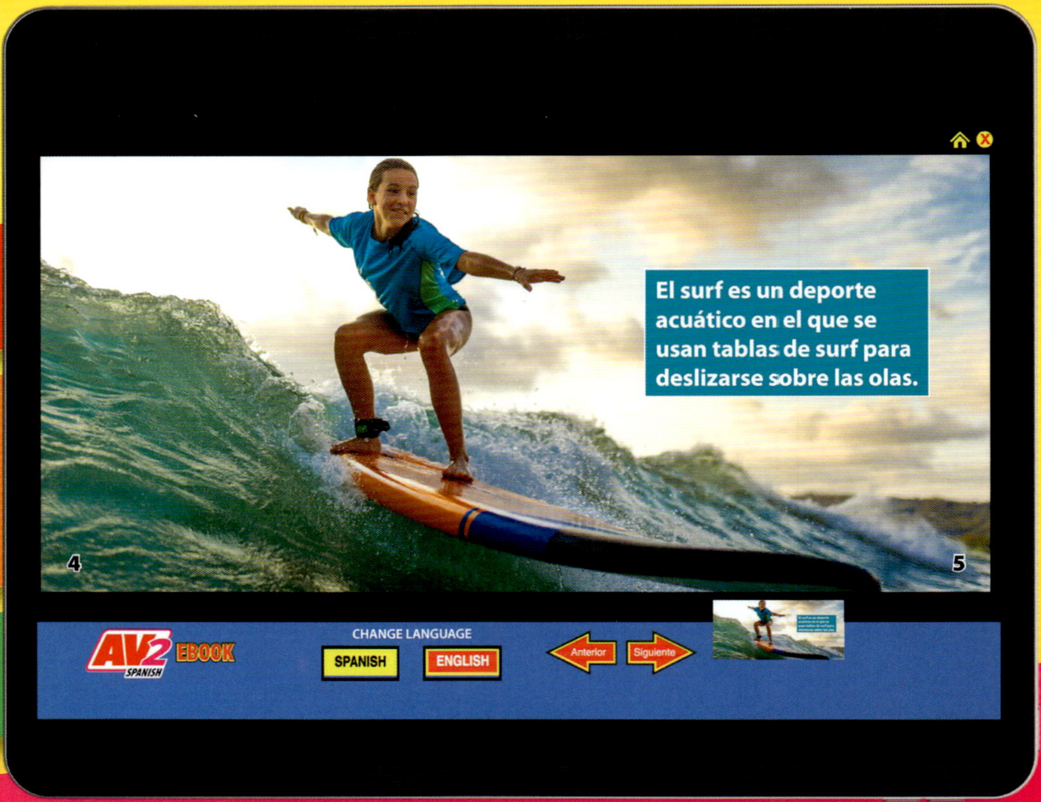

AV2 Spanish is optimized for use on any device

Media Enhanced Book
Every hardcover Spanish title comes with two free eBooks for a complete bilingual experience

AV2 Page Controls
An intuitive design allows users to go back and forth through the pages in their selected language

Language Toggle
Users can toggle between Spanish and English to learn the vocabulary of both languages

View new titles and product videos at www.av2books.com

Deportes eXtremos

El surf

Contenidos

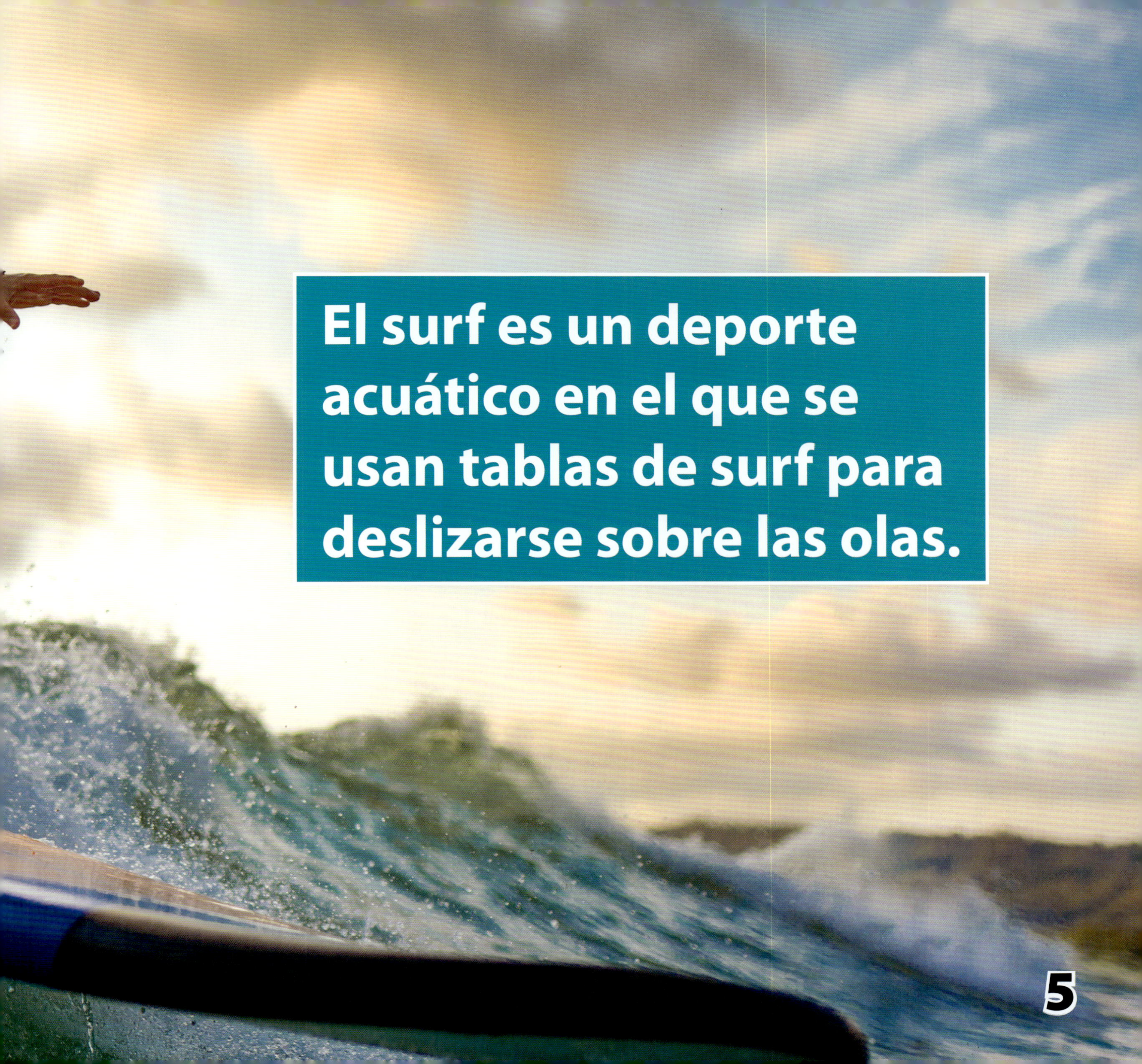

El surf es un deporte acuático en el que se usan tablas de surf para deslizarse sobre las olas.

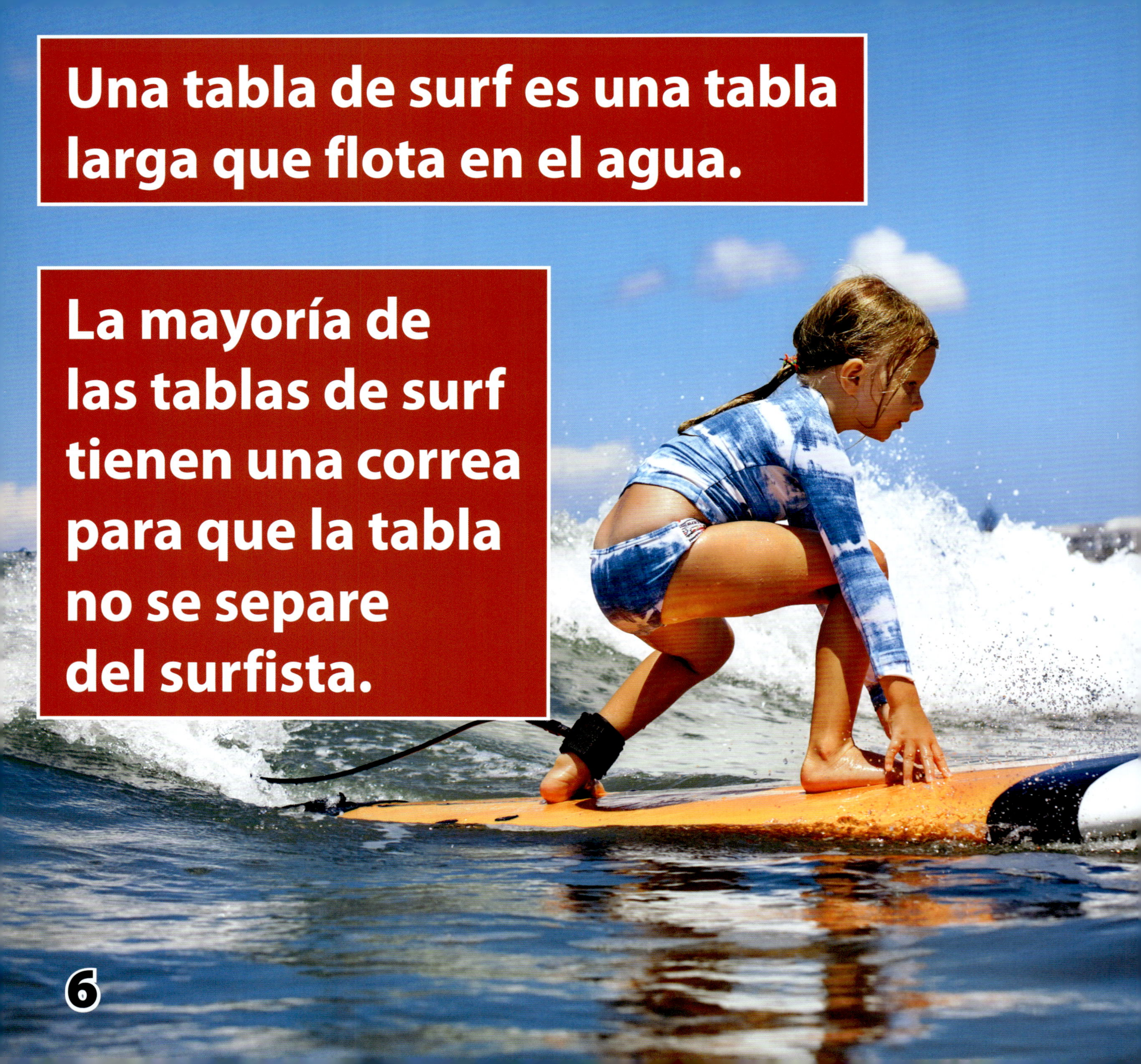

Una tabla de surf es una tabla larga que flota en el agua.

La mayoría de las tablas de surf tienen una correa para que la tabla no se separe del surfista.

Los surfistas profesionales hacen muchos trucos con sus tablas.

Los surfistas suelen usar un traje de neopreno para no tener frío en el agua.

Los surfistas profesionales enceran sus tablas para evitar resbalarse.

Se puede hacer surf en muchos lugares. Algunos surfean en el mar, otros en lagos o ríos grandes.

Deportes eXtremos

Los surfistas profesionales surfean en muchos lugares diferentes.

Practicar es muy importante para los que quieren llegar a ser buenos surfistas.

Los surfistas profesionales practican muchas horas todos los días.

Se pueden hacer trucos, saltos y giros sobre las tablas de surf. Esto se llama *Shortboard*.

Los surfistas profesionales obtienen puntos por hacer trucos de *Shortboard*.

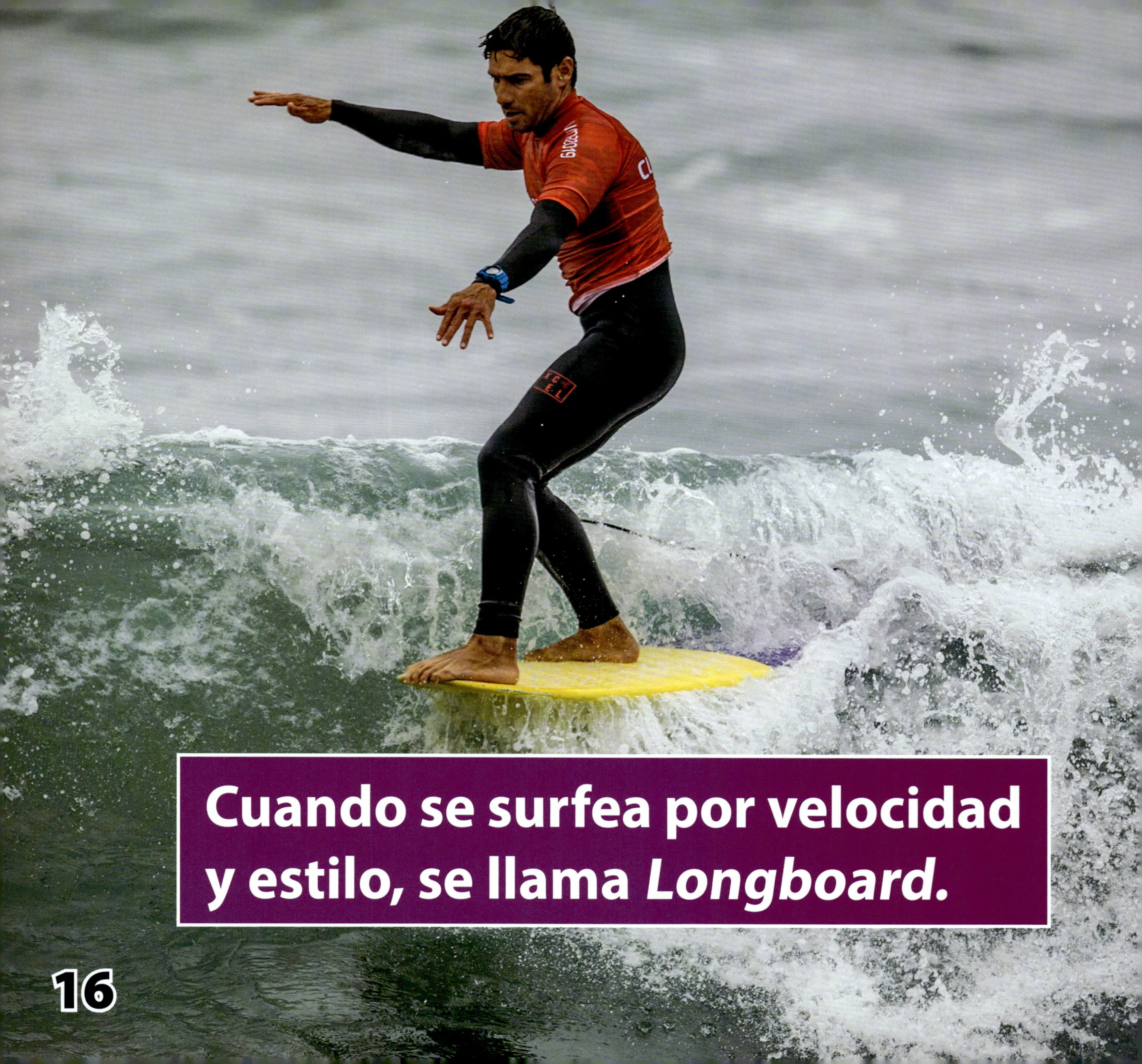

Cuando se surfea por velocidad y estilo, se llama *Longboard*.

Los surfistas profesionales siguen usando los mismos movimientos que hace muchos años.

Los surfistas participan en muchas competencias durante todo el año. Esto se llama el Tour del Campeonato.

Los surfistas profesionales ganan puntos en el Tour del Campeonato.

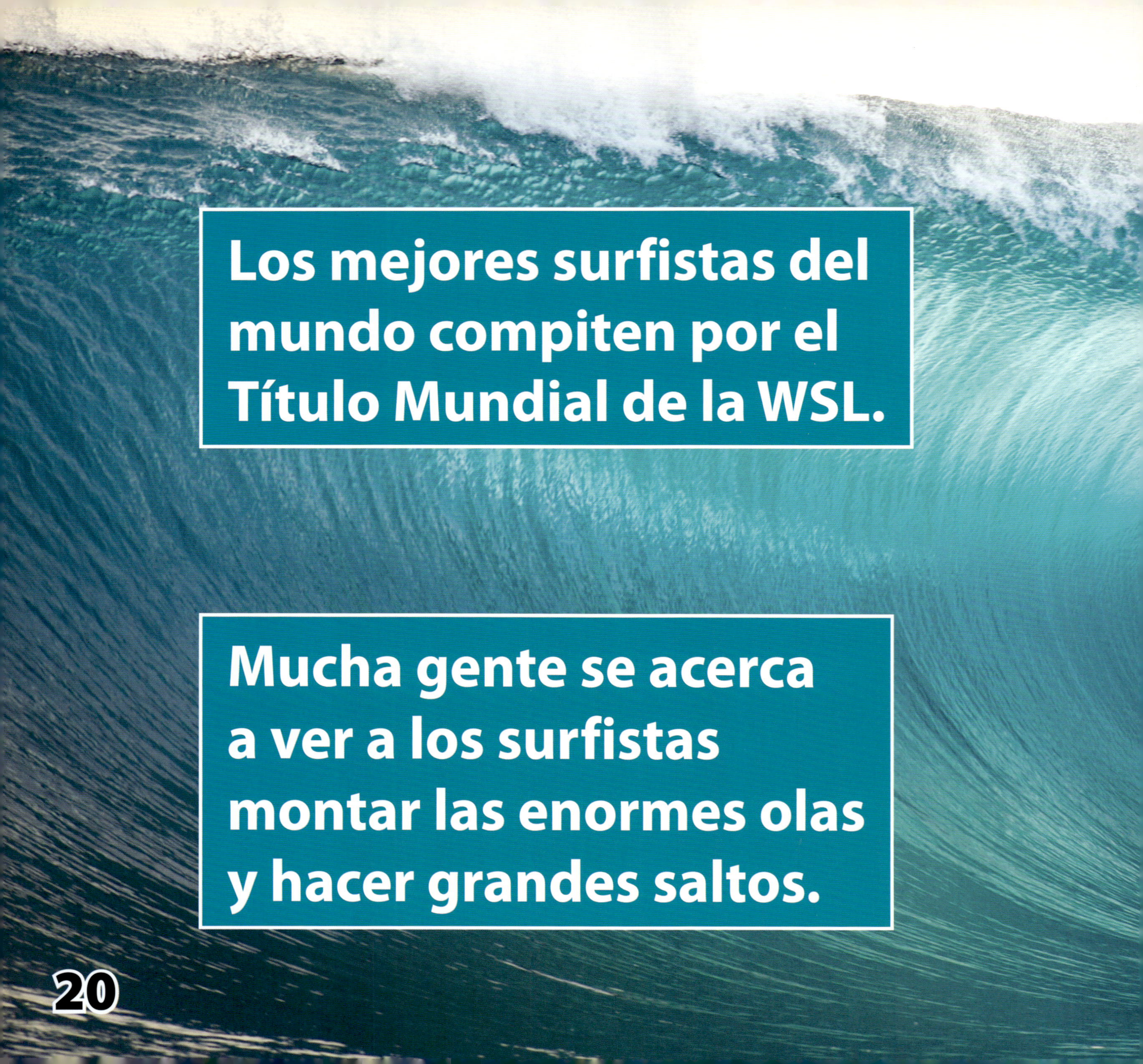

Los mejores surfistas del mundo compiten por el Título Mundial de la WSL.

Mucha gente se acerca a ver a los surfistas montar las enormes olas y hacer grandes saltos.

DATOS SOBRE EL SURF

Estas páginas ofrecen información detallada sobre los interesantes datos de este libro. Están dirigidas a los adultos, como soporte, para que ayuden a los jóvenes lectores a redondear sus conocimientos sobre cada deporte presentado en la serie *Deportes extremos*.

Páginas 4–5

Los surfistas se paran sobre una tabla y se deslizan sobre las olas. A medida que las olas empujan al surfista hacia la costa, el surfista se desliza por la ola de costado. Se cree que el surf nació en la Polinesia entre el año 1500 a. C. y el 400 d. C. Los primeros surfistas usaban tablas largas y pesadas para deslizarse sobre las olas. Con el tiempo, el surf se convirtió en un deporte que requiere de fuerza, destreza y equilibrio.

Páginas 6–7

Hay muchos tipos de tablas de surf. Las *shortboards*, o tablas cortas, miden unos 6 pies (1,8 metros) de largo y son muy livianas. Estas tablas se suelen usar para hacer trucos. Las *longboards*, o tablas largas, miden unos 10 pies (3 m) de largo y se suelen usar para los tipos de surf más tradicionales. Las primeras tablas de surf hawaianas eran de madera, llegaban a medir unos 25 pies (7,6 m) de largo y pesar unas 200 libras (91 kilogramos). Hoy, la mayoría de las tablas están hechas de espuma liviana.

Páginas 8–9

Los surfistas siempre deben usar un traje de neopreno al surfear en aguas frías. El traje de neopreno es un traje ajustado que protege al surfista del frío. Estos trajes se usan en diferentes actividades y tienen diferente espesor. Es importante elegir un traje de neopreno adecuado a la actividad y las condiciones climáticas específicas. Encerar la tabla proporciona un agarre extra que ayuda al surfista a mantenerse sobre la tabla.

Páginas 10–11

Se puede hacer surf prácticamente en cualquier lugar donde haya agua y olas. Algunos de los lugares más populares para surfear son las playas de Hawái, California, Florida y Australia, así como los Grandes Lagos de Norte América y algunos ríos de Alemania. El surf se practica mayormente en la parte menos profunda del océano, que es donde se forman las olas más grandes y constantes.

Páginas 12–13

Practicar es lo más importante para llegar a ser un buen surfista. Para poder dominar las habilidades que requiere el surf, hace falta practicar muchas horas durante varios años. La mayoría de los surfistas profesionales practican todos los días. Se desafían a sí mismos a vencer diferentes tipos de olas y condiciones de surfeo. Los surfistas profesionales se esfuerzan en aprender nuevos movimientos y mejorar sus habilidades.

Páginas 14–15

El *Shortboard*, o surf con tabla corta, es uno de los tipos de surf más comunes. El *Shortboard* se hace sobre una tabla que mide entre 6 y 7 pies (1,8 y 2 m) de largo. Estas tablas son puntiagudas adelante y redondas o cuadradas atrás y tienen entre dos y cinco aletas, o quillas. Su corta longitud y las quillas las hacen más rápidas y más fáciles de controlar en los trucos y saltos difíciles.

Páginas 16–17

El *Longboard*, o surf con tabla larga, es similar al surf tradicional. Las tablas miden entre 9 y 12 pies (2,7 y 3,7 m) de largo y por lo general tienen una sola quilla. Estas tablas no son tan fáciles de maniobrar como las tablas cortas y por eso no se usan para hacer trucos en el aire. Sin embargo, las tablas largas dan más equilibrio que las cortas.

Páginas 18–19

Todos los años, en el Tour del Campeonato de la Liga Mundial de Surf (WSL) se decide quiénes son los mejores surfistas del mundo. En este tour los surfistas mejor clasificados del mundo participan en diferentes competencias a lo largo del año. Los hombres participan en 11 competencias y las mujeres en 10. El surfista con la mayor cantidad de puntos al final del año es el campeón mundial.

Páginas 20–21

El tour de surf profesional comenzó en 1976 como una forma de determinar un campeón mundial de surf profesional. El Tour del Campeonato de la WSL está compuesto por varias competencias de surf profesional en todo el mundo durante todo el año. Los hombres y mujeres que ganan la mayor cantidad de puntos en estas competencias, son los campeones mundiales.

AV2 SPANISH

Step 1
Go to **www.av2books.com**

Step 2
Enter this unique code
AVP27338

Step 3
Explore your interactive eBook!

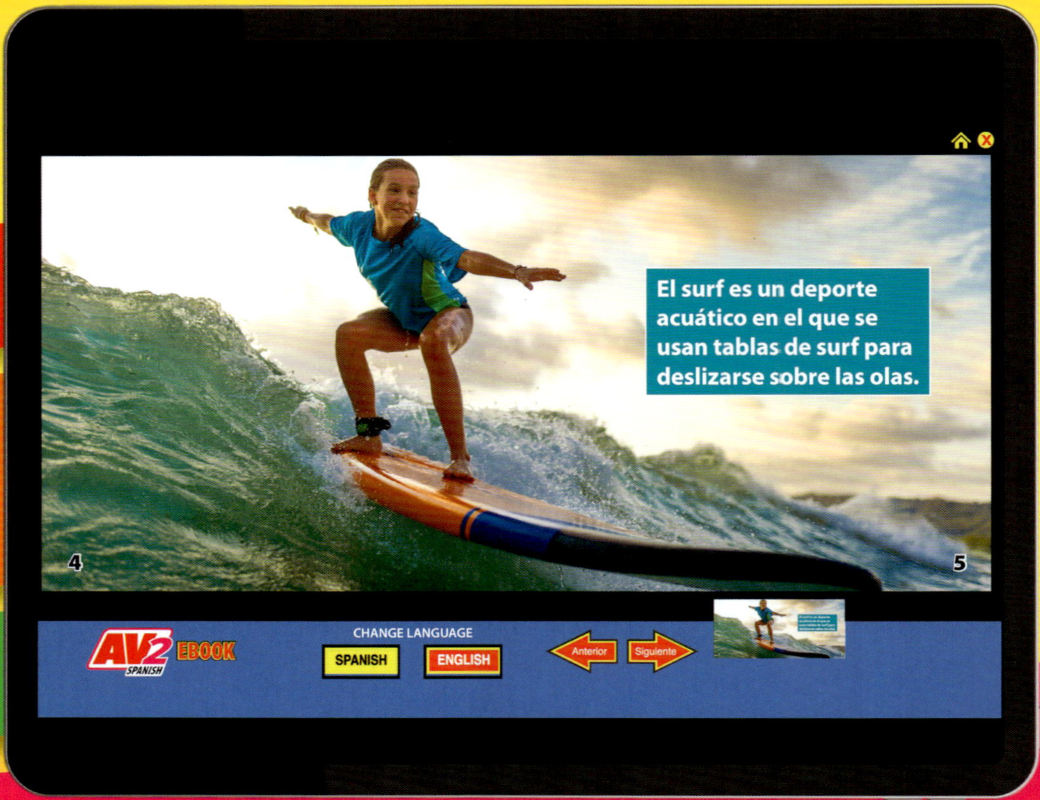

AV2 Spanish is optimized for use on any device

Published by AV2
14 Penn Plaza, 9th Floor New York, NY 10122
Website: www.av2books.com

Library of Congress Control Number: 2020939598

ISBN 978-1-7911-2934-7 (hardcover)
ISBN 978-1-7911-2935-4 (multi-user eBook)

062020
101719

Printed in Guangzhou, China
1 2 3 4 5 6 7 8 9 0 24 23 22 21 20

Spanish Project Coordinator: Sara Cucini Spanish Editor: Translation Services USA LLC
English Project Coordinator: Ryan Smith Designer: Terry Paulhus

Every reasonable effort has been made to trace ownership and to obtain permission to reprint copyright material. The publisher would be pleased to have any errors or omissions brought to its attention so that they may be corrected in subsequent printings.

The publisher acknowledges Getty Images, iStock, and Shutterstock as the primary image suppliers for this title.